Le verbe coeur

Roger Des Roches

Eaux-fortes de Vladimir Zabeida

la courte échelle
Les éditions de la courte échelle inc.

Les éditions de la courte échelle inc.
5243, boul. Saint-Laurent
Montréal (Québec) H2T 1S4

Directrice de collection :
Sylvie Massicotte

Direction artistique :
Daniel Sylvestre

Conception graphique :
Elastik

Mise en pages :
Mardigrafe inc.

Révision des textes :
Lise Duquette

Les eaux-fortes qui accompagnent les poèmes sont des détails tirés des œuvres de Vladimir Zabeida.

Dépôt légal, 3e trimestre 2002
Bibliothèque nationale du Québec

Copyright © 2002 Les éditions de la courte échelle inc.

La courte échelle reconnaît l'aide financière du gouvernement du Canada par l'entremise du Programme d'aide au développement de l'industrie de l'édition pour ses activités d'édition. La courte échelle est aussi inscrite au programme de subvention globale du Conseil des Arts du Canada et reçoit l'appui du gouvernement du Québec par l'intermédiaire de la SODEC.

La courte échelle bénéficie également du Programme de crédit d'impôt pour l'édition de livres — Gestion SODEC — du gouvernement du Québec.

Données de catalogage avant publication (Canada)

Des Roches, Roger

   Le verbe cœur

   ISBN: 2-89021-592-X

   I. Zabeida, Vladimir. II. Titre.

PS8557.E87V47 2002   jC841'.54   C2002-940936-5
PS9557. E87V47 2002
PZ23.D47Ve 2002

Le verbe coeur

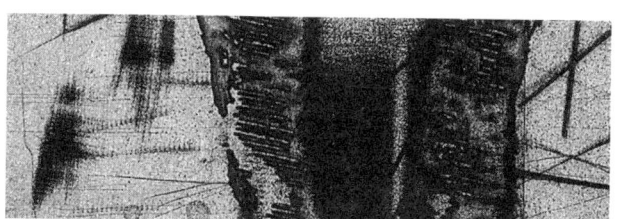

*And I'm too scared to know
how I feel about you now*

Ryan Adams, *Gold*

À Normand de Bellefeuille :

« Encore là ! »

Regarde :
hier, hier,
après qu'ils ont été enfin partis,
nous laissant seuls au milieu du parc,
comme lancés en plein ciel,
tu as dit :
« La lune ment. »
Tu m'as expliqué pourquoi.
Tu m'as souri
avec tes yeux,
avec tes lèvres qui décidaient
du chaud et du froid,
avec tes mains.
Suivant du regard les serpents de brume au sol,
tu as parlé de mystère,
de magie
ou de vacances au centre de ton cœur.
Me donnais-tu le droit de respirer trop vite ?

Tu dessinais des baisers.
Le paysage exigeait des statues.
Tu balayais les ombres.
Tu m'as expliqué comment le fleuve,
du coin de l'œil,
apparaît et disparaît,
s'ouvre et se ferme,
comment les étoiles
ne contiennent que le passé.
Tu as dit :
« Vas-y, raconte-moi notre histoire maintenant. »
Je l'ai lue dans le temps qui fuyait,
dans ce paysage
dont je craignais à tout instant d'être chassé.
Je n'ai rien avoué.

Je crains d'oublier.
Pourtant, ce matin,
le clapotis des vagues sur la berge,
le vent, les galets, les pastilles d'aube
me rappellent ta voix lorsque tu as dit :
« Demain, oui,
après-demain aussi,
et l'autre après-demain encore. »
Hier,
pendant que les autres s'éloignaient,
accrochés à leurs cris,
j'ai pensé :
« Si elle a peur du noir
j'aurai peur du noir aussi. »

Le verbe cœur
bat du présent au passé.
J'attends sous ces nuages petits
nourris par l'horizon jaune.
Connais-tu le nom de l'île en face de moi
avec Dieu dans les arbres ?
Je vois le fleuve
pour la première fois,
miroirs posés cette nuit
pour les oiseaux,
ailes en croix,
qui décideraient de ne plus voler.
Je regarde
à ta place
l'adjectif fleuve.

Puis hier,
je n'ai pas dormi.
J'étais couché sur des vertiges.
Je cherchais des preuves,
des pièges de vérité
où ta voix aurait répété :
« Pour toi tout seul »,
où elle aurait dit aussi :
« Les étoiles respirent et la lune ment. »
Je me tricotais avec la laine du noir
des draps trop chauds.
Sans cesse on murmurait à mon oreille :
« Tu as rêvé. »

Aurais-je dû tout écrire ?
Cacher du papier
avec des mots ?
Le nom de ton parfum,
chaque phrase, oui,
chacune de tes phrases,
les signatures de silence,
cette façon que tu avais de trembler,
faite d'air, d'eau, de tintements,
ce qu'une photo
ne parvient jamais à nous rappeler,
bien qu'on la conserve longtemps sur soi
et qu'on lui pose toujours les mêmes questions.

Yeux fermés, yeux fermés,
le souvenir
ne doit pas s'échapper.
Je monte la garde.
Les voix disent :
« Lis l'avenir dans les traces
qu'ont laissées ses lèvres sur tes lèvres. »
J'écoute le fleuve
qui compte les secondes.
On dort partout derrière moi
dans ces maisons étanches
qui fabriqueront bientôt des familles.
Depuis hier
mes yeux sont signés de ta main.

Les odeurs et les bruits fades
qui montent de l'aube
avec la chaleur réservée au ciel.
Je vois. Je sais. Je ne me reconnais pas.
Les voix parlent,
j'écoute :
« Trouve les mots. »
Regarde :
ce paysage,
comme le passé,
n'admet qu'une personne à la fois.
« Trouve les mots faciles, disent les voix,
trouve les mots fidèles. »
Et toi,
ton visage
dans l'eau qui bouillonne,
dans le juste emploi de la lumière.

Cette nuit,
le reste du monde
a disparu.
Il n'y aurait plus, je l'ai juré,
qu'une seule couleur d'yeux,
fleurs noires,
déchirures de nuages noirs,
un parc vide,
le silence poussé avec les doigts.
Je me suis rappelé (écoute!)
le parfum des longs congés
emmêlé dans tes cheveux,
tes lèvres qui faisaient bruisser le temps,
les rubans dénoués,
les épices, ton souffle, tes seins,
l'air qui sifflait, qui fuyait.
Mes mains brûlaient.

Cette nuit,
comme un plongeur,
comme celui qu'on a étourdi.
Première et seconde personne du verbe cœur,
j'écoutais le vent
choisir entre toi et moi.
Aurais-je dû regarder par ma fenêtre ?
La lune évitant les anges qui manient les étoiles,
par ma fenêtre, au loin, j'aurais vu la tienne,
ta silhouette dansant dans le feu.
Mais j'avais la tête remplie
de miel amer et de conditions.
Dans mon lit, étroit désormais,
les lèvres trop minces,
j'imaginais sur ta peau
le goût du bruit de l'eau.

Les mots beauté et tristesse,
et désarroi,
des X sur mes lèvres.
Puis ce mot que je n'ose jamais prononcer.
Puis les vagues,
le reste, qui vient, qui craque,
les arbres,
dentelle frileuse
qui coiffe l'île en face de moi.
Si je desserre les poings,
où suis-je donc dans ce qui menace
de s'effacer ?

Quelle est cette peau solitude,
mais quelle est cette ombre destin ?
J'imagine que tu dors dans une chambre bleue
où personne n'a jamais rien caché.
Derrière tes paupières
défilent un soleil pâle,
la rue qui s'accroche au fleuve,
ma silhouette accroupie près de l'eau.
J'ai peur que tu t'éveilles.
Pendant ton sommeil,
je te répète sans cesse
mon prénom et le tien.

Hier,
alors qu'au loin
les autres nous faisaient de grands signes,
tu chantonnais,
mélodie enroulée tout entière dans un souffle.
Tu regardais par-dessus mon épaule.
(J'avais perdu tes lèvres!)
Tu m'as dit:
«On ne bouge plus jamais.»
Devant moi,
le parc laissait ses couleurs fuir dans le fleuve.
J'étais enfermé dans une statue chaude
tournée vers le nord et vers le sud.

Écoute :
je pourrais marcher sur l'eau,
rejoindre cette île
où ont lieu le soleil et le ciel.
Chaque pas ferait lever des mots,
des oiseaux, des âmes.
Regarde :
je suis X, transparent, j'ai froid,
j'ai froid, j'ai peur,
dans le paysage, dans la lumière lente,
dans tes yeux noirs qui ouvrent l'horizon.
J'étais, je deviens, je suis,
étonné par cette douceur
qui n'a pas quitté mes doigts.

Tes seins seulement, voilà,
et tu m'as dit :
« Va, bois mon cœur. »
Devant toi,
somme de ma tête, de mes mains,
avaleur de promesses
et cracheur de temps.
(Comment le temps était lorsqu'il était lent.)
J'ai touché, puis j'ai prié, voilà,
comme si c'était écrit ou impossible.

Seulement, lentement,
que m'as-tu donné ?
Dans cette photo,
tiroir à lumière,
profession de silence,
cible et témoin,
j'ignore où, derrière toi, file le ciel
qui croit encore aux oiseaux clairs
et aux vastes distances.
(Et si je la laissais porter
par les vagues pointues
qui indiquent la fin ?
et si je laissais une flamme rouge l'animer ?)
Yeux noirs petites chambres,
éphélides et, lentement, tes lèvres un jour de moins.
Tu ne me vois pas,
tu ne me voyais pas,
tu souris à un autre.

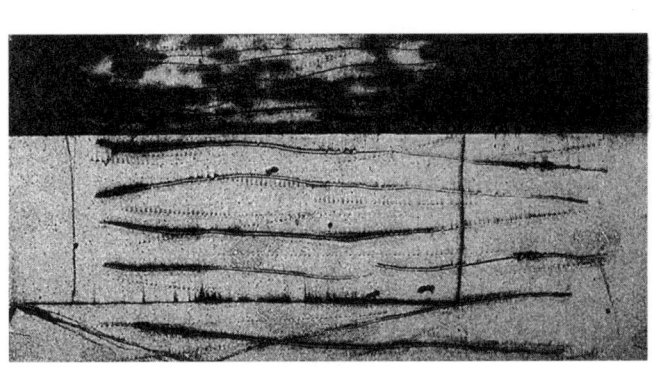

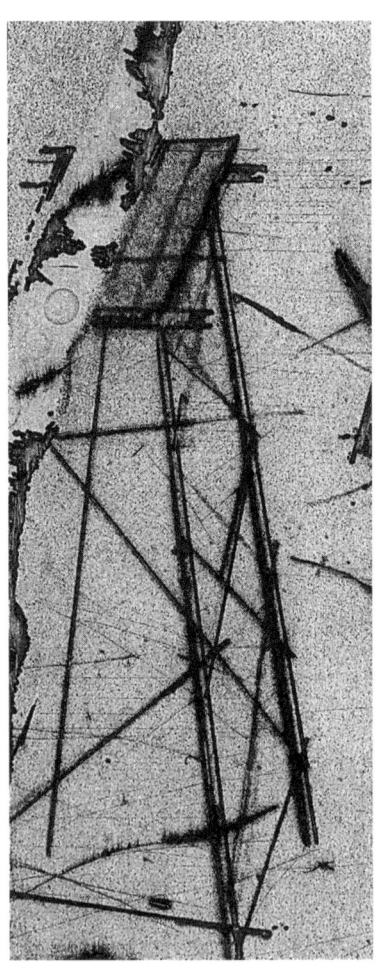

Juste avant que l'été devienne
ce parc vide, cette chapelle de la soie,
j'étais moins, j'étais pâle,
j'avais toujours voulu dire, mais jamais,
et tu marchais dans la rue,
au début de l'air fauve, puis dans mes yeux.
Rares passants déplacés,
arbres rangés selon les espèces,
à quelques pas derrière toi,
je comptais les ombres que tu avais traversées.
Je ne devinais rien, et je ne savais pas.
Interdite dans ta robe des quatre éléments,
tu étais couverte de couleurs
qui faisaient souffrir le vent.
Je te suivais, comme si je sautais de vie en vie,
sur les trottoirs
où les enfants avaient dessiné des orages,
passé ces maisons gardées par des chiens
qu'on avait arrachés à leur sommeil.
À ma montre, toujours le temps présent,
des griffes et des dents.
On ne m'avait rien raconté sur toi,
mais je te suivais,
comme si je connaissais le sens
du bruit de tes pas.
Cuisses blanches, bras blancs,
cheveux du midi et des miroirs.

Comme si je ne devais te voir que d'un seul œil,
ce que j'avais, rien, pour rien, du tout,
ce que je croyais,
ce qui m'habillait, étroit et fragile, la transparence,
les éclats de ta silhouette et des choses à venir.
Les voix disaient : « Elle ne te voit pas. »
Les voix disaient, petites :
« Tu ne pourras pas espérer, tu es inhabitable. »
Cuisses blanches,
doigts blancs s'agitant pour trouver le soleil,
ton âme avait des chats pour demeure.
J'avais mis mon masque le plus clair
et enfilé des gants de peau
qui me faisaient des mains vides.
Les voix disaient : « Tu n'es pas, tu n'as pas. »
Juste avant que l'été devienne
mes poumons de terre et d'air froissés,
je te suivais,
imaginant ton souffle sur mon visage.
Les autres ignoraient tout et me jugeaient,
tu vivais ailleurs qu'en moi.
Je te suivais, et te suivre devenait un couloir,
j'apprenais à te voir, à deviner, à craindre,
à regretter déjà —
ce qui s'appelle :
« écrire nos prénoms sur du verre ».

Cette nuit,
un seul lit noir, j'avais fabriqué un seul lit noir,
puis un seul lit bleu,
la mort se cachait sous les mots.
La lune avalée,
je demandais aux images de rester ;
elles ne restaient pas.
Cœur saveur fumée,
je n'avais pas ton vrai visage.
Je n'avais pas de mains.
Tu semblais patiente,
et les autres revenaient en riant.
Les portes étroites s'ouvraient et se refermaient.
Ta voix
(je l'entendrai, un jour,
lorsque tu me pardonneras),
ta voix murmurait :
« Peux-tu m'imaginer à tes côtés ?
Peux-tu imaginer vivre une journée encore ? »

Toujours à s'ouvrir, à s'établir, à s'étaler,
à changer le ciel en arbres et à feuiller,
à ajouter des oiseaux qui écrivent vite,
ce matin ne s'achève pas.
Je n'arrive plus à utiliser le futur.
Je ne peux rien faire naître.
Aucun bruit de pas dans la rue derrière moi,
et soudain j'ai peur du jour clair.
Je regarde sans voir à l'ouest :
tu dors encore, tu es étrangère, je ne vois pas.
Je choisis mes mots
en refusant presque tous les mots,
je les note dans le cahier fleuve,
mains comme dix stylos tout seuls.

Puis,
le fleuve redevient le fleuve,
et ma peau devient la peur.
Ce matin, trop de temps devant, derrière.
Je relève la tête :
j'ai peur du noir dans tes yeux,
hier est devenu le passé
prisonnier dans le parc
sans les preuves et la douceur.
(Du fond de ta chambre, me vois-tu, dis,
me vois-tu qui trace des X jusqu'à toi ?
Dans quel rêve enfonces-tu encore les doigts ?)
Le fleuve recule, le jour recule.
Une chanson pourrait presque tout expliquer :
ma peur m'interdit de comprendre
ce qui me lie à toi.
Trop de temps coupé par les vagues
qui ont pris du ciel blanc.
Hier, pendant que je me taisais trop longtemps,
les voix disaient :
« C'est pour toujours, c'est jamais. »

Maintenant,
accoudé au rebord de ma fenêtre,
je vois, me revois, je ne sais pas,
d'autres visages qui se substituent au mien.
Par ma fenêtre, ta fenêtre, rideaux fermés.
(Sur cette photo, tu préfères le vent, l'eau, le feu,
yeux levés vers les nuages qui s'amoncellent.)
Maintenant, le parc est un masque
découpé dans le mot *fuite*.
Il n'y a pas qu'un bruit de tendresse dans ma tête.
(Sur cette photo, on dirait des lèvres volées,
l'horizon replié sur lui-même.)
Si le soleil mentait aussi ?
Je n'ai jamais répondu.
Je sais. Plus tard. Un jour viendra
où je n'aurai d'autre choix que d'avouer :
« Je ne t'aime plus. »

Montréal, de février à mai 2002

Achevé d'imprimer
sur les presses de Litho Acme inc.